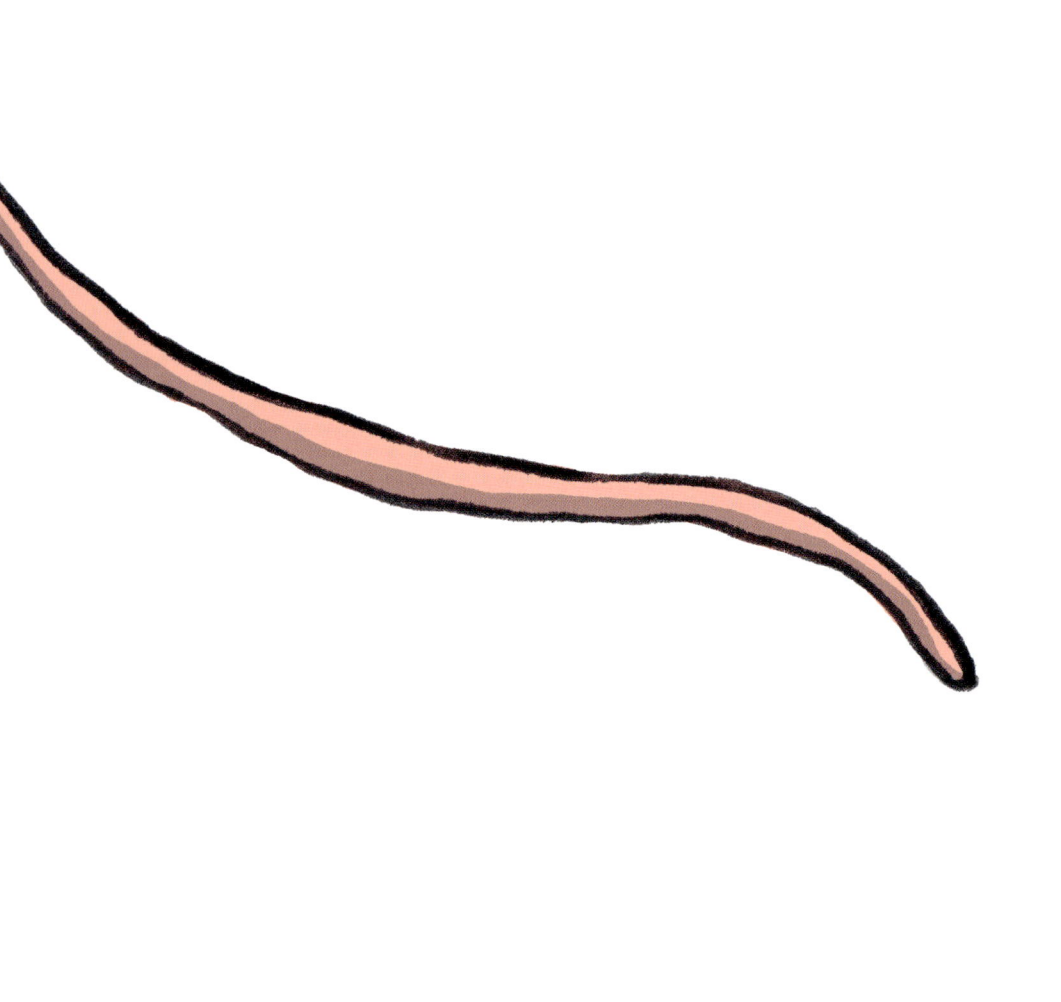

VOR MEINER TÜR AUF EINER MATTE STEHT JEDEN TAG

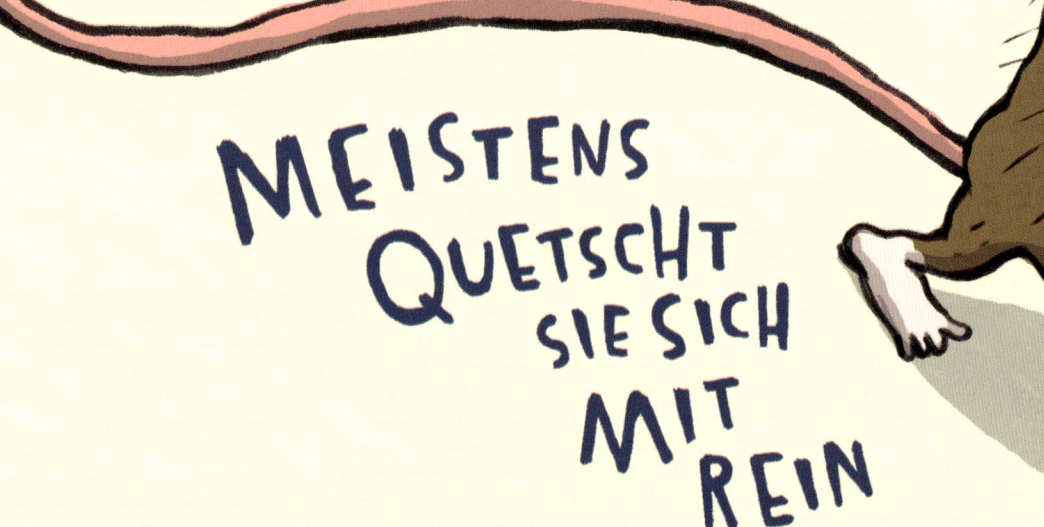

SCHALTE ICH DAS RADIO AN

PFEIFT SIE LOS SO LAUT SIE KANN

KOCH ICH EINE KANNE TEE

SCHWIMMT IM ZIMMER GLEICH EIN SEE

Hole ich mir was zu essen

hat das Tier bereits gegessen

Nadia Budde, geboren 1967 in Berlin, studierte Grafik in Berlin und London. Ihr erstes Bilderbuch *Eins zwei drei Tier* (1999) gewann den Deutschen Jugendliteraturpreis und den Oldenburger Kinder- und Jugendbuchpreis, *Trauriger Tiger toastet Tomaten* (2000) wurde mit dem Troisdorfer Bilderbuchpreis und dem Luchs der Jury von ZEIT und Radio Bremen ausgezeichnet. Im Peter Hammer Verlag erschienen außerdem *One two three me, Kurz nach sechs kommt die Echs, Flosse, Fell und Federbett, Unheimliche Begegnungen auf Quittenquart, Außerdem sind Borsten schön, Und irgendwo gibt es den Zoo, Auf keinen Fall will ich ins All, Unterm Bett liegt ein Skelett* (Text: Arne Rautenberg), *Krake beim Schneider und Eins zwei drei Vampir*.
Nadia Budde lebt mit ihrer Familie in Berlin.

2. Auflage 2020
© Nadia Budde
© Peter Hammer Verlag GmbH, Wuppertal 2016
Alle Rechte ausdrücklich vorbehalten
Lithos: PPP Pre Print Partner GmbH & Co. KG, Köln
Druck: Livonia Print
ISBN 978-3-7795-0539-6
www.peter-hammer-verlag.de